Crem

Jesus is Lord

SEMINARY EDITION

LISTS OF WORDS

OCCURRING FREQUENTLY IN

THE HEBREW BIBLE

BY

JOHN D. W. WATTS

HEBREW—ENGLISH EDITION

SECOND EDITION

Wm. B. Eerdmans Publishing Company
Grand Rapids, Michigan

First printing, 1959

Reprinted, August 1992

PHOTOLITHOPRINTED BY EERDMANS PRINTING COMPANY
GRAND RAPIDS, MICHIGAN, UNITED STATES OF AMERICA

The student of Hebrew need master a vocabulary of less than 800 words to have learned all the verbs occurring twenty-five times or more and all other words used more than fifty times in the Hebrew Old Testament. These lists are taken from W. R. Harper's *Hebrew Vocabularies* (1890) which has been revised and corrected in comparison with Köhler-Baumgartner, *Lexicon in Veteris Testamenti Libros* (Leiden, 1953).

The author has used these lists in mimeographed form for more than five years in teaching elementary Hebrew to theological students. In addition to the vocabulary found in a beginner's grammar the students were given weekly assignments of twenty-five new words from these lists. The lists were also used for regular vocabulary drill and review.

Where a verb occurs in only one stem, this is noted in the Hebrew list. When a verb has different meanings in different stems, this is noted in the English list. Nouns and adjectives from the same root are listed together so that the student may learn to distinguish them immediately.

Words are arranged according to the frequency of their occurrence. After learning the first list of verbs, the student should turn to list VI to learn the most common nouns. He should continue to alternate between verbs and nouns until all the lists have been learned.

LIST I

Verbs occurring 500-5000 times

1 אָכַל
2 אָמַר
3 בּוֹא
4 Pi. דִּבֶּר
5 הָיָה
6 הָלַךְ
7 יָדַע
8 יָלַד
9 יָצָא
10 יָשַׁב
11 לָקַח
12 מוּת
13 נָשָׂא
14 נָתַן
15 עָלָה
16 עָשָׂה
17 קָרָא
18 רָאָה
19 שִׂים
20 שׁוּב
21 שָׁלַח
22 שָׁמַע

LIST II

Verbs occurring 200-500 times

23 אָהַב
24 אָסַף
25 בָּנָה
26 Pi. בִּקֵּשׁ
27 Pi. בֵּרַךְ
28 זָכַר
29 חָזַק
30 חָטָא
31 חָיָה
32 יָכֹל
33 יָסַף
34 יָרֵא
35 יָרַד
36 יָרַשׁ
37 Hi. ישׁע
38 כּוּן
39 כָּלָה
40 כָּרַת
41 כָּתַב
42 מָלֵא
43 מָלַךְ
44 מָצָא
45 Hi. נגד
46 נָטָה
47 Hi. נכה
48 נָפַל
49 עָבַד
50 עָבַר
51 עָמַד
52 עָנָה
53 פָּקַד
54 Pi. צִוָּה
55 קוּם
56 רָבָה
57 רוּם
58 שָׁמַר
59 שָׁתָה

I

1 Eat, devour	9 Go out	17 Call, meet
2 Say	10 Sit, dwell	18 See
3 Enter, come	11 Take, seize	19 Set, place
4 Speak	12 Die	20 Turn, return
5 Be, become, happen	13 Lift up, carry	21 Stretch out, send
6 Go, walk	14 Give	22 Hear, listen to
7 Know	15 Go up	
8 Bring forth	16 Do, make	

II

23 Love, like	36 Possess, subdue	48 Fall
24 Gather	37 Help, deliver	49 Serve, work
25 Build	38 Be firm (Qal) Prepare (Hi.)	50 Pass, go over
26 Seek		51 Stand
27 Bless	39 Be finished, cease	52 Answer, reply
28 Remember	40 Cut off	53 Visit, number, appoint
29 Be strong	41 Write	
30 Sin	42 Be full	54 Command
31 Be alive	43 Be king, reign	55 Rise, stand
32 Be able	44 Find, meet, attain to	56 Become numerous or great
33 Add	45 Make known, report, tell	
34 Fear, be afraid		57 Be high, exalted
35 Go down, descend	46 Stretch out, extend	58 Keep, watch
	47 Smite, strike	59 Drink

LIST III

Verbs occurring 100-200 times

60	אָבַד	
61	אמן	Ni. Hi.
62	בּוֹשׁ	
63	בָּטַח	
64	בִּין	
65	בָּכָה	
66	גָּאַל	
67	גָּדַל	
68	גּוּר	
69	גָּלָה	
70	דָּרַשׁ	
71	הִלֵּל	Pi.
72	הָרַג	
73	זָבַח	
74	חלל	Ni.
75	חָנָה	
76	חָשַׁב	
77	טָמֵא	
78	ידה	Hi.
79	יָטַב	
80	יתר	Ni.
81	כָּבֵד	
82	כָּסָה	
83	כָּפַר	
84	לָבֵשׁ	
85	לחם	Ni.
86	נבא	Ni.
87	נָגַע	
88	נָגַשׁ	
89	נוּס	
90	נָסַע	
91	נצל	Hi.
92	סָבַב	
93	סוּר	
94	סָפַר	
95	עָזַב	
96	פָּנָה	
97	קָבַץ	
98	קָבַר	
99	קָדַשׁ	
100	קִטֵּר	Pi.
101	קָרַב	
102	רָדַף	
103	רוּץ	
104	רָעָה	
105	שָׂמַח	
106	שָׂנֵא	
107	שָׂרַף	
108	שָׁאַל	
109	שָׁאַר	
110	שׁבע	Ni.
111	שָׁבַר	
112	שָׁחָה	
113	שׁחת	Pi. Hi.
114	שָׁכַב	
115	שָׁכַח	
116	שָׁכֵן	
117	שׁלך	Hi.
118	שָׁלֵם	
119	שָׁפַט	
120	שָׁפַךְ	
121	שֵׁרֵת	Pi.

60 Perish

61 Be firm, faithful (Ni.)
   Believe, trust (Hi.)

62 Be ashamed

63 Trust

64 Understand

65 Weep

66 Redeem

67 Be great, strong

68 Sojourn

69 Reveal, uncover

70 Seek

71 Praise

72 Kill

73 Slaughter (Qal)
   Sacrifice (Pi.)

74 Be polluted (Ni.)
   Begin (Hi.)

75 Encamp

76 Think, regard

77 Be unclean
   (ceremonially)

78 Praise, confess

79 Be good or well

80 Be left, remain

81 Be heavy

82 Cover, conceal

83 Cover (Qal)
   Atone (Pi.)

84 Put on, clothe

85 Fight

86 Speak or act as a
   prophet

87 Touch

88 Approach

89 Flee

90 Pull out, depart

91 Snatch, deliver

92 Turn, surround

93 Turn aside

94 Count, write

95 Abandon

96 Turn towards

97 Collect, assemble

98 Bury

99 Be holy

100 Make to smoke

101 Come near,
    approach

102 Pursue, persecute

103 Run

104 Feed, tend

105 Be glad, rejoice

106 Hate

107 Burn

108 Ask, inquire

109 Remain

110 Swear

111 Break in pieces

112 Bow down

113 Ruin, destroy

114 Lie down

115 Forget

116 Dwell, settle down

117 Cast, throw

118 Be whole, complete

119 Judge

120 Pour out

121 Minister, serve

LIST IV

Verbs occurring 50-100 times

122 אָבָה
123 אָחַז
124 אָסַר
125 אָרַר
126 בָּחַר
127 בָּלַע
128 בָּעַר
129 בָּקַע
130 בָּרָא
131 בָּרַח
132 דָּבַק
133 הָפַךְ
134 זָנָה
135 זָעַק
136 זָרַע
137 חָדַל
138 חוּל חִיל
139 חָזָה
140 חָלָה
141 חָלַק
142 חָנַן
143 חָפֵץ
144 חָרָה
145 חרם Hi.
146 חָרַשׁ
147 חָתַת
148 טָהֵר
149 יָבֵשׁ
150 יכח Hi.
151 יָעַץ
152 יָצַק
153 יָצַר
154 יָרָה
155 כִּבֵּס Pi.
156 כָּעַס
157 כָּשַׁל
158 לוּן לִין
159 לָכַד
160 לָמַד
161 מָאַס
162 מָדַד
163 מִהַר Pi.
164 מָכַר
165 מלט Ni. Pi.
166 מָשַׁח
167 מָשַׁל
168 נבט Hi.
169 נדח Ni. Hi.
170 נוּחַ
171 נָחַל
172 נָטַע
173 נכר Hi. Ni.
174 נצב Hi. Ni.
175 נִצַּח Pi.
176 נָצַר
177 נשׂג Hi.
178 סָגַר
179 סתר Ni. Hi.
180 עוּר
181 עָזַר
182 עָנָה
183 עָרַךְ
184 פָּדָה
185 פּוּץ
186 פלא Pi. Hi. Ni.
187 פלל Hith.
188 פָּעַל
189 פָּרַד
190 פָּרַשׂ
191 צָלַח
192 צָעַק

122 Be willing

123 Seize, grasp

124 Bind

125 Curse

126 Choose

127 Swallow

128 Burn, consume

129 Split

130 (God) creates

131 Flee

132 Cling to

133 Turn, overthrow

134 Commit fornication

135 Cry out

136 Sow

137 Cease

138 Writhe, tremble

139 See, gaze at

140 Be sick or weak

141 Divide

142 Be gracious, favor

143 Delight, take
pleasure in

144 Be angry, burn

145 Devote, destroy,
banish

146 Plow, engrave

147 Be shattered,
terrified

148 Be clean
(ceremonially)

149 Be dry

150 Reprove

151 Advise

152 Pour out

153 Form, shape

154 Cast, teach (Hi.)

155 Wash, clean

156 Be discontent

157 Stumble

158 Spend the night

159 Seize, capture

160 Learn

161 Reject, refuse

162 Measure

163 Hasten

164 Sell

165 Escape (Ni.)
Save (Pi.)

166 Anoint

167 Rule

168 Look

169 Drive out, scatter

170 Rest

171 Possess, inherit

172 Plant

173 Be strange, con-
spicuous, noticed,
known

174 Set up, erect

175 Lead, direct

176 Keep, watch

177 Reach, overtake

178 Shut, close

179 Conceal, hide

180 Awake, arouse

181 Help

182 Be afflicted

183 Arrange, set in order

184 Redeem, ransom

185 Scatter, disperse

186 Separate, be
wonderful

187 Pray

188 Do, make

189 Separate

190 Spread out

191 Succeed, prosper

192 Cry out

Verbs occurring 50-100 times
(continued)

193 צָפָה
194 צָרַר
195 קַל(ל)
196 קָנָה
197 קָרַע
198 רָחַם
199 רָחַץ
200 רָחַק
201 רִיב
202 רָכַב
203 רָנַן
204 רַע(ע)
205 רָפָא
206 רָצָה
207 שָׂבַע
208 שׂכל Hi.
209 שָׁבַת
210 שָׁדַד
211 שָׁחַט
212 שִׁיר
213 שִׁית
214 שׁכם Hi.
215 שׁמד Ni. Hi.
216 שָׁמֵם
217 שׁקה Hi.
218 תָּמַם
219 תָּפַשׂ
220 תָּקַע

LIST V

Verbs occurring 25-50 times

221 אָבַל
222 אוה Pi. Hith.
223 אוֹר
224 אזן Hi.
225 אָמֵץ
226 אָפָה
227 אָרַב
228 אָרֵךְ
229 אָשֵׁם
230 בָּגַד
231 בדל Hi. Ni.
232 בהל Ni.
233 בָּזָה
234 בָּזַז
235 בָּחַן
236 בָּלַל
237 בָּצַר
238 בָּשַׁל
239 גָּבַהּ
240 גָּזַל
241 גִּיל
242 גָּמַל
243 גָּנַב
244 גָּרַשׁ
245 דָּמָה
246 דָּמַם
247 הָגָה
248 הָמָה
249 הָרָה
250 הָרַס
251 זוּב
252 זִמֵּר Pi.
253 זָקֵן

193 Watch, overlay, plate
194 Be distressed or bound
195 Be light, of no account
196 Acquire, buy
197 Rend, tear
198 Love, have compassion
199 Wash
200 Be far off
201 Contend, conduct a legal case

202 Ride
203 Cry out for joy
204 Be bad
205 Heal
206 Be pleased
207 Have enough, be sated
208 Comprehend, prosper
209 Cease, rest
210 Devastate
211 Slaughter

212 Sing
213 Put, set
214 Rise early
215 Destroy, exterminate
216 Be desolate, appalled
217 Give to drink
218 Be complete
219 Catch, seize
220 Strike, drive, blow (a trumpet)

V

221 Mourn
222 Long for, wish, desire
223 Shine, be light
224 Listen
225 Be firm, strong
226 Bake
227 Lie in ambush
228 Be or become long
229 Be or be held guilty
230 Act treacherously
231 Divide, separate

232 Be terrified, hasten
233 Despise
234 Plunder
235 Try, examine
236 Mix, confound
237 Cut off, fortify
238 Boil
239 Be high, exalted
240 Tear away, rob
241 Exult, triumph over
242 Deal fully, render to

243 Steal
244 Drive out
245 Be like, be silent
246 Be silent
247 Mutter, meditate
248 Make noise
249 Conceive, be pregnant
250 Break, tear down
251 Flow
252 Sing with instrumental accompaniment
253 Be old

Verbs occurring 25-50 times
(continued)

254 זָרָה
255 זָרַק
256 חבא Ni.
257 חָבַר
258 חָבַשׁ
259 חָגַר
260 חָכַם
261 חָלַם
262 חָלַף
263 חָלַץ
264 חָמַל
265 חָסָה
266 חָצֵב
267 חָקַר
268 חָרַב
269 חָרַד
270 חָרַף
271 חָשַׂךְ
272 חָתַם
273 טוֹב
274 טָמַן
275 טָרַף
276 יָגַע
277 יָהַב
278 יִחֵל Pi.
279 ילל Hi.
280 יָנַק
281 יָסַד
282 יָסַר
283 יצב Hith.
284 יָצַת
285 יָשַׁר
286 כּוּל
287 כחד Ni. Pi.
288 כלם Ni.
289 כנע Ni.
290 כָּרַע
291 לוּץ
292 לָקַט
293 מֵאֵן Pi.
294 מוּט
295 מוּל
296 מָחָה
297 מָנָה
298 מָנַע
299 מָעַל
300 מָרָה
301 מָשַׁךְ
302 נָאַף
303 נָאַץ
304 נָגַף
305 נָדַד
306 נָדַר
307 נָהַג
308 נוּעַ
309 נוּף Hi.
310 נָחָה
311 נָטַשׁ
312 נִסָּה Pi.
313 נָסַךְ
314 נָקַב
315 נָקָה
316 נָקַם
317 נָשַׁק
318 נָתַץ
319 נָתַק
320 סָלַח
321 סָמַךְ
322 סָפַד
323 עוּד
324 עוּף
325 עָצַר
326 עָרַב

254 Scatter, winnow

255 Sprinkle, toss

256 Hide

257 Join, associate

258 Bind, gird

259 Gird

260 Be wise, act wisely

261 Dream

262 Pass on (over, away), renew, change

263 Strip

264 Pity, spare

265 Seek refuge

266 Hew, dig

267 Search

268 Be dried up, be waste

269 Tremble

270 Reproach

271 Withhold

272 Seal

273 Be good

274 Hide

275 Tear in pieces

276 Labor, be weary

277 Give

278 Wait

279 Howl

280 Suck

281 Found, establish

282 Admonish, chastise

283 Stand firm

284 Kindle, burn

285 Be straight, right, smooth

286 Contain, comprehend

287 Hide, conceal

288 Be ashamed, humiliated

289 Be humbled

290 Kneel, bow down

291 Be spokesman, mock

292 Gather, pick up

293 Refuse

294 Totter

295 Circumcise

296 Wipe off, blot out

297 Divide, count

298 Withhold

299 Be unfaithful

300 Rebel, disobey

301 Pull, draw

302 Commit adultery

303 Revile

304 Smite

305 Flee

306 Make a vow

307 Lead, drive

308 Move unsteadily, quiver

309 Move back and forth, wave

310 Lead

311 Leave, abandon

312 Try, test

313 Pour out

314 Specify, bore, distinguish

315 Be clean, innocent

316 Avenge

317 Kiss

318 Break down, destroy

319 Tear (away)

320 Forgive, (always of God)

321 Support

322 Beat the breast, lament

323 Testify, warn

324 Fly

325 Restrain

326 Mix, pledge

Verbs occurring 25-50 times
(continued)

327	עָשַׁק
328	פָּגַע
329	פָּחַד
330	פָּלַט
331	Ni. פרד
332	פָּרָה
333	פָּרַח
334	פָּרַץ
335	פָּשַׁט
336	פָּשַׁע
337	צָדַק
338	צוּר
339	צָמַח
340	צָפַן
341	צָרַף
342	Pi. קִדֵּם
343	Ni. קהל
344	קָוָה
345	Pi. קִנֵּא
346	קָצַף
347	קָצַר
348	קָרָה
349	קָשַׁב
350	קָשָׁה
351	קָשַׁר
352	רָבַץ
353	רָגַז
354	רָגַל
355	Hi. רוּעַ
356	רוּשׁ
357	רָחַב
358	רָעַשׁ
359	רָפָה
360	רָצַח
361	רָשַׁע
362	שׂוּשׂ
363	שָׂחַק
364	שָׁבָה
365	שָׁטַף
366	שָׁפַל
367	שָׁקַט
368	תָּלָה
369	תָּעָה

327 Oppress	342 Be before	357 Be wide, expand
328 Meet, fall upon	343 Assemble	358 Shake, quake
329 Tremble	344 Wait, expect, be collected	359 Sink down, droop
330 Escape	345 Be envious, zealous	360 Kill, murder
331 Separate	346 Be angry	361 Be guilty, wicked
332 Be fruitful	347 Be short, reap	362 Rejoice
333 Sprout, break out	348 Meet, happen	363 Laugh, jest
334 Break through	349 Be attentive, listen	364 Take away captive
335 Strip off	350 Be hard, severe	365 Wash off, rinse
336 Rebel, revolt	351 Bind, conspire	366 Be or become low
337 Be in the right	352 Lie down	367 Be quiet
338 Bind, besiege	353 Quake, be agitated	368 Hang
339 Sprout	354 Slander, spy out	369 Wander about
340 Hide	355 Shout	
341 Refine, test	356 Be poor	

LIST VI

Nouns occurring 500-5000 times

1 אָב
2 אָדָם
3 אָדוֹן אֲדֹנָי
4 אָח
5 אֶחָד
6 אַחֵר
7 אִישׁ
8 אֱלֹהִים
9 אֱנוֹשׁ
10 אֶרֶץ
11 אִשָּׁה
12 בַּיִן בֵּין
13 בַּיִת בֵּית
14 בֵּן
15 בַּת
16 גָּדוֹל
17 גּוֹי
18 דָּבָר
19 דֶּרֶךְ
20 הַר
21 חַי
22 טוֹב
23 יָד
24 יוֹם
25 כֹּהֵן
26 כֹּל
27 לֵב לֵבָב
28 מֵאָה
29 מַיִם
30 מֶלֶךְ
31 נֶפֶשׁ
32 עֶבֶד
33 עַיִן
34 עִיר
35 עַם
36 פָּנִים
37 קוֹל
38 קֹדֶשׁ קָדוֹשׁ
39 רֹאשׁ
40 שָׁלֹשׁ שְׁלֹשָׁה שְׁלִישִׁי
41 שֵׁם
42 שָׁנָה
43 שֵׁנִי שְׁנַיִם שְׁתַּיִם

VI

1 Father	16 Great	30 King
2 Man, mankind	17 Nation	31 Breath, life, soul, personality, person
3 Master, lord	18 Word, matter, thing	32 Servant, slave, wor-shipper
4 Brother	19 Way	33 Eye, spring
5 One	20 Mountain	34 City, town
6 After, behind	21 Living, life	35 People
7 Man	22 Good	36 Face
8 God, gods	23 Hand	37 Voice, sound
9 Man, human being	24 Day	38 n. Holy thing adj. Holy
10 Land, the earth	25 Priest	39 Head
11 Woman	26 All, whole	40 Three, third (pl. thirty)
12 Between	27 Heart	41 Name
13 House	28 Hundred	42 Year
14 Son	29 Water	43 Second, two
15 Daughter		

LIST VII

Nouns occurring 300-500 times

44 אֹ֫הֶל

45 אֶ֫לֶף

46 אַרְבַּע אַרְבָּעָה

47 דָּם

48 זָהָב

49 חֹ֫דֶשׁ חָדָשׁ

50 חָמֵשׁ חֲמִשָּׁה

51 חֶ֫רֶב

52 יָם

53 כְּלִי

54 כֶּ֫סֶף

55 מִזְבֵּחַ

56 מִלְחָמָה

57 מָקוֹם

58 מִשְׁפָּט

59 נְאֻם

60 נָבִיא

61 סָבִיב

62 עוֹלָם

63 עֵץ

64 עָשָׂר עֶשְׂרֵה

65 עֶשְׂרִים

66 פֶּה

67 צָבָא צְבָאוֹת

68 צֶ֫דֶק
צְדָקָה
צַדִּיק

69 רַב

70 רוּחַ

71 שָׂדֶה

72 שַׂר

73 שֶׁ֫בַע שִׁבְעָה

74 שָׁ֫מַיִם

75 שַׁ֫עַר

76 תָּ֫וֶךְ

44 Tent

45 Ox, herd, thousand

46 Four (pl. forty)

47 Blood

48 Gold

49 n. New moon, month
adj. New

50 Five (pl. fifty)

51 Sword, dagger

52 Sea

53 Vessel, utensil, instrument

54 Silver

55 Altar

56 Fight, battle

57 Standing-place, place

58 Decision, judgement, right

59 Utterance

60 Prophet

61 Around

62 A long time, all time

63 Tree

64 Ten

65 Twenty

66 Mouth

67 Host, army; pl. part of divine title

68 n. What is right, rightness, justice
abstr. n. Righteousness, fairness, justice, piety
adj. Right, guiltless, righteous

69 Many, much

70 Spirit, wind, breath

71 Field

72 Official, leader

73 Seven (pl. seventy)

74 Heavens, atmosphere, sky

75 Gate

76 Midst

LIST VIII

Nouns occurring 200-300 times

77	אֶ֫בֶן
78	אֲדָמָה
79	אַ֫יִל
80	אֵל
81	אֵם
82	אַמָּה
83	אַף
84	בֶּ֫גֶד
85	בְּרִית
86	בָּשָׂר
87	גְּבוּל
88	זֶ֫רַע
89	חַטָּאת
90	חַ֫יִל
91	חֶ֫סֶד
92	לֶ֫חֶם
93	לַ֫יְלָה
94	מְאֹד
95	מִדְבָּר
96	מוֹעֵד
97	מַחֲנֶה
98	מַטֶּה
99	מַלְאָךְ
100	מִנְחָה
101	מַעֲשֶׂה
102	מִשְׁפָּחָה
103	נַחֲלָה
104	נַ֫עַר
105	עָוֹן
106	עֹלָה
107	עֵת
108	צֹאן
109	קֶ֫רֶב
110	רֶ֫גֶל
111	רעה רֵעַ
112	רעע רַע
113	רָשָׁע
114	שָׁלוֹם
115	שֵׁשׁ שִׁשָּׁה
116	תּוֹרָה

VIII

77 Stone	91 Loyalty, devotion deriving from covenant	103 Inheritance
78 Ground capable of cultivation	92 Bread	104 Boy, young man, servant
79 Ram		105 Guilt, intentional offence
80 A god, God	93 Night	106 Whole burnt offering
81 Mother	94 n. Might adv. Exceedingly	107 Time
82 Forearm, cubit	95 Wilderness, pasturage	108 Flock: sheep or goats
83 Nose, anger	96 Appointed time, place, meeting, feast time	109 Midst, inward
84 Garment, covering		110 Foot
85 Agreement, covenant	97 Camp	111 Friend, neighbor
86 Flesh	98 Rod, tribe	112 Evil, bad
87 Boundary	99 Messenger, angel	113 Wicked, guilty
88 Seed	100 Gift, offering, grain offering	114 Wholeness, peace, prosperity
89 Sin, expiation, sin-offering	101 Work. deed	115 Six (pl. sixty)
90 Strength, power	102 Family, clan	116 Instruction, law

LIST IX

Nouns occurring 100-200 times

117 אוֹר
118 אָחוֹת
119 אֹ֫זֶן
120 אַחֵר
121 אָרוֹן
122 בְּהֵמָה
123 בְּכוֹר
124 בָּקָר
125 בֹּ֫קֶר
126 גִּבּוֹר
127 דּוֹר
128 זֶ֫בַח
129 זָקֵן
130 חוֹמָה
131 חוּץ
132 חָכָם
133 חָכְמָה
134 חֵמָה
135 חֲצִי
136 חָצֵר
137 חֹק חֻקָּה
138 יוֹמָם
139 יַ֫חַד יַחְדָּו
140 יַ֫יִן
141 יָמִין
142 יֵשׁ
143 יָשָׁר
144 יֶ֫תֶר
145 כָּבוֹד
146 כֶּ֫בֶשׂ
147 כֹּחַ
148 כָּנָף
149 כִּסֵּא
150 כַּף
151 לָשׁוֹן
152 מִגְרָשׁ
153 מָ֫וֶת
154 מְלָאכָה
155 מַמְלָכָה
156 מִסְפָּר
157 מַעַל
158 מִצְוָה
159 מַרְאֶה
160 מִשְׁכָּן
161 נֶ֫גֶב
162 נָהָר
163 נַחַל
164 נְחֹ֫שֶׁת
165 נָשִׂיא
166 סוּס
167 סֵ֫פֶר
168 עֲבוֹדָה
169 עֵדָה
170 עָפָר
171 עֶ֫צֶם
172 עֶ֫רֶב
173 פַּ֫עַם
174 פַּר
175 פְּרִי
176 פֶּ֫תַח
177 צָפוֹן
178 רִאשׁוֹן
179 רֹב
180 רֹ֫חַב
181 רֶ֫כֶב
182 רָעָב
183 שָׂפָה
184 שֵׁ֫בֶט
185 שַׁבָּת
186 שֶׁ֫מֶן
187 שְׁמֹנֶה
188 שֶׁ֫מֶשׁ
189 שֶׁ֫קֶר
190 תּוֹעֵבָה
191 תָּמִיד

IX

117 Light

118 Sister

119 Ear

120 Following, different

121 Coffin, chest, Ark of the Covenant

122 Cattle, animals

123 First-born

124 Herd, cattle

125 Morning

126 Hero

127 Generation

128 Sacrifice, communion sacrifice

129 Old man, elder

130 Wall

131 Outside, street

132 Wise, skillful

133 Wisdom, skill

134 Heat, rage, wrath

135 Half

136 Court, enclosure

137 Statute, something prescribed

138 Through the day, in the daytime

139 Together

140 Wine

141 Right side

142 There is

143 Straight, upright

144 Remainder, excess

145 Weight, honor, glory

146 Young ram

147 Strength, power

148 Wing, skirt

149 Seat, throne

150 Palm of hand

151 Tongue

152 Pastureland

153 Death

154 Work, commission, undertaking

155 Kingdom

156 Number

157 Above, upward

158 Commandment

159 Sight, appearance, vision

160 Dwelling, tabernacle or central or sanctuary

161 South or dry country

162 Stream, river

163 Wady, stream

164 Copper, bronze

165 Representative, chief

166 Horse

167 Document, letter, scroll

168 Service, labor

169 Congregation

170 Dust; fine, loose earth

171 Bone

172 Evening

173 Tread, step, time, occurrence

174 Young bull

175 Fruit

176 Opening, entrance

177 North

178 First, preceding

179 Abundance

180 Breadth

181 (Train of) chariot(s)

182 Famine, hunger

183 Lip, language, shore

184 Rod, tribe

185 Rest, sabbath, seventh day

186 Oil, fat

187 Eight (pl. eighty)

188 Sun

189 Falsehood, lie

190 Abomination

191 Continually, regular (sacrifice)

LIST X

Nouns occurring 50-100 times

192	אֶבְיוֹן	219	גִּבְעָה	246	חֶרְפָּה
193	אֶדֶן	220	גֶּבֶר	247	חֹשֶׁךְ
194	אָוֶן	221	גּוֹרָל	248	טָהוֹר
195	אוֹצָר	222	גַּיְא גֵּי	249	טָמֵא
196	אוֹת	223	גָּמָל	250	כֶּרֶם
197	אֲחֻזָּה	224	גֶּפֶן	251	יְאֹר
198	אַחֲרוֹן	225	גֵּר	252	יֶלֶד
199	אַחֲרִית	226	דֶּבֶר	253	יַעַר
200	אֱלוֹהַּ	227	דְּבַשׁ	254	יְרִיעָה
201	אַלְמָנָה	228	דֶּלֶת	255	יְשׁוּעָה
202	אָמָה	229	דַּעַת	256	כְּסִיל
203	אֱמוּנָה	230	הֵיכָל	257	כְּרוּב
204	אֵמֶר	231	הָמוֹן	258	כָּתֵף
205	אֵפוֹד	232	זָכָר	259	מִגְדָּל
206	אֶרֶז	233	זָר	260	מָגֵן
207	אֹרַח	234	זְרוֹעַ	261	מִדָּה
208	אֲרִי אַרְיֵה	235	חֶבֶל	262	מְדִינָה
209	אֹרֶךְ	236	חַג	263	מוּסָר
210	אִשֶּׁה	237	חָזָק	264	מִזְמוֹר
211	בּוֹר	238	חִטָּה	265	מִזְרָח
212	בֶּטֶן	239	חֵלֶב	266	מָחָר
213	בָּמָה	240	חֲלוֹם	267	מַחֲשֶׁבֶת
214	בַּעַל	241	חֵלֶק	268	מַלְכוּת
215	בַּרְזֶל	242	חֲמוֹר	269	מְעַט
216	בְּרָכָה	243	חָמָס	270	מַצָּה
217	גָּאוֹן	244	חֵן	271	מִקְדָּשׁ
218	גְּבוּרָה	245	חֵץ	272	מִקְנֶה

192 Needy, poor

193 Socket, pedestal

194 Weird thing, evil, wickedness

195 Supply, treasure

196 Sign

197 Landed property

198 At the back, later on

199 End, result

200 God, a god

201 Widow

202 Female slave, hand-maiden

203 Faithfulness, steadiness, reliability

204 Word, saying

205 Ephod

206 Cedar

207 Way, path, behavior

208 Lion, lioness

209 Length

210 Fire-offering

211 Waterpit, cistern

212 Belly, body, womb

213 High-place, place of worship

214 Owner, baals, Baal

215 Iron

216 Blessing

217 Height, pride

218 Strength, great deed

219 Hill

220 Man, anyone

221 Lot, dice

222 Valley

223 Camel

224 Vine

225 Sojourner, newcomer

226 Plague

227 Honey

228 Door

229 Knowledge

230 Temple, palace

231 Multitude, tumult

232 Male

233 Strange, different, illicit

234 Arm, forearm

235 Cord, rope

236 Festival, procession

237 Firm, strong

238 Wheat

239 Fat

240 Dream

241 Portion, shares

242 Male ass

243 Violence, wrong

244 Favor, grace

245 Arrow

246 Reproach, disgrace

247 Darkness

248 Clean, pure

249 Unclean

250 Vineyard

251 River Nile

252 Boy, child

253 Forest, woods

254 Tent, curtain

255 Help, salvation

256 Insolent, foolish

257 Cherub

258 Shoulder, shoulder-blade

259 Tower

260 Shield

261 Measure

262 Administrative district

263 Chastisement, warning

264 Psalm

265 East, sunrise

266 Tomorrow

267 Thought

268 Kingdom, reign

269 A little, a few

270 Unleavened bread

271 Sanctuary, sacred place

272 Purchase, possession

Nouns occurring 50-100 times
(continued)

273 מָרוֹם
274 מַשָּׂא
275 מָשִׁיחַ
276 מִשְׁמֶרֶת
277 מִשְׁקָל
278 נֶגַע
279 נֶדֶר
280 נֶסֶךְ
281 נַעֲרָה
282 סֶלָה
283 סֶלַע
284 סֹלֶת
285 עֵבֶר
286 עֵד
287 עֵדוּת
288 עוֹף
289 עוֹר
290 עֵז
291 עֹז
292 עֶלְיוֹן
293 עַמּוּד
294 עָמָל
295 עֵמֶק
296 עָנִי
297 עָנָן
298 עֵצָה
299 עֲרָבָה
300 עֶרְוָה
301 פֵּאָה
302 פָּרָשׁ
303 צוּר
304 צַר
305 צָרָה
306 קֶבֶר
307 קָדִים
308 קֶדֶם
309 קָהָל
310 קָטֹן
311 קְטֹרֶת
312 קִיר
313 קָנֶה
314 קֵץ
315 קָצֶה
316 קָצִיר
317 קָרְבָּן
318 קָרוֹב
319 קֶרֶן
320 קֶשֶׁת
321 רֵאשִׁית
322 רְחוֹב
323 רָחֹק
324 רִיב
325 רָצוֹן
326 שְׂמֹאל
327 שִׂמְחָה
328 שָׂעִיר
329 שְׁאוֹל
330 שְׁאֵרִית
331 שׁוֹפָר
332 שׁוֹר
333 שִׁיר
334 שֻׁלְחָן
335 שָׁלָל
336 שֶׁלֶם
337 שְׁמָמָה
338 שֵׁן
339 שִׁפְחָה
340 שֶׁקֶל
341 תְּהִלָּה
342 תָּמִים
343 תִּפְאֶרֶת
344 תְּפִלָּה
345 תְּרוּמָה
346 תֵּשַׁע תִּשְׁעָה תְּשִׁיעִי

273 High place, height

274 Burden, utterance

275 Anointed one

276 Observance, service

277 Weight

278 Stroke, plague

279 Vow

280 Libation, drink-offering

281 Young girl

282 Unexplained musical term

283 Rock, crag

284 Fine flour, wheat meal

285 Side, beyond

286 Witness

287 Warning, sign, reminder

288 Flying creatures: birds and insects

289 Skin, leather

290 Goat

291 Strength, power, might

292 The upper, the highest

293 Pillar, column

294 Labor, trouble

295 Valley, lowland

296 Afflicted, humble

297 Clouds, cloud mass

298 Counsel, plan

299 Desert

300 Nakedness

301 Side, rim

302 Horseman

303 Rock

304 Adversary, distress

305 Distress

306 Grave

307 East, east side

308 Before, in front, east

309 Assembly, convocation

310 Small, insignificant

311 Incense

312 Wall

313 Reed

314 End

315 End, border, extremity

316 Harvest of grain

317 Offering, gift

318 Near

319 Horn

320 Bow

321 Beginning

322 Open place

323 Distant, remote

324 Strife, case at court

325 Pleasure, favor

326 Left side, left

327 Joy, gladness

328 Kid, he-goat, hairy

329 Underworld, waste, no-world

330 Remnant, what is left

331 Ram's horn

332 Steer, ox

333 Song

334 Table

335 Booty, plunder

336 Final or peace offering

337 Desolation, waste

338 Tooth

339 Maid-servant

340 Shekel, weight

341 Praise, glory

342 Complete, without fault

343 Glory, beauty

344 Prayer

345 Contribution, gift

346 Nine, ninth (pl. ninety)

LIST XI

Prepositions and Prepositional Phrases

1. Denoting Place

1	אֶל	10	מוּל מוֹל	19	אַחַר אַחֲרֵי
2	לְ	11	לִקְרַאת	20	עַל
3	עַד	12	אֵצֶל	21	תַּחַת
4	לִפְנֵי	13	בְּ	22	סָבִיב
5	לִפְנוֹת	14	אֵת אֶת־	23	בֵּית
6	נֶגֶד	15	בֵּין	24	חוּץ
7	קִדְמַת	16	בַּעַד	25	בְּתוֹךְ
8	נֹכַח	17	עֵבֶר	26	בְּקֶרֶב
9	לְעֻמַּת	18	בְּעֵבֶר	27	מִן

2. Denoting Time

1	בְּ	5	עַד	9	בֵּין
2	מִן	6	לִפְנֵי	10	מֵאָז
3	אֶל	7	פְּנוֹת	11	בְּעוֹד
4	לְ	8	אַחַר	12	מִטֶּרֶם

3. Denoting Cause, End, Instrumentality

1	בַּעֲבוּר	7	עֵקֶב	13	בְּדֵי
2	לְבַעֲבוּר	8	עַל־עֵקֶב	14	בְּ
3	בִּגְלַל	9	לְנֹכַח	15	בְּיַד
4	יַעַן	10	מִפְּנֵי	16	עַל־יַד
5	לְמַעַן	11	עַל־אוֹדוֹת		
6	בְּעַד	12	עַל־דְּבַר		

XI

1.

1 Unto (goal)	10 Towards	19 Behind
2 To	11 Towards	20 Upon
3 To (limit)	12 By the side of	21 Beneath
4 Before, in front of	13 In	22 Around
5 Towards	14 (Sign of direct object), with	23 Inside
6 Opposite, before	15 Between	24 Without, outside
7 Before	16 About	25 Inside, through
8 Before	17 Beyond	26 In the midst of
9 Near, opposite	18 Beyond	27 From

2.

1 In	5 Till	9 Between
2 From	6 Before	10 Since
3 Unto	7 Towards	11 Within
4 To	8 After	12 Before

3.

1 On account of, for the sake of	7 Therefore	13 For
2 In order to	8 On account of, therefore	14 By
3 On account of	9 In front of, before, especially for	15 By
4 Because of	10 Away from, because	16 Under the control of
5 For the sake of, therefore	11 On account of, for the very reason that	
6 Through, for the benefit of	12 Regarding, because	

4. Denoting Connection, Relation, Privation

1 עִם
2 אֵת
3 לְפִי
4 בְּדֵי
5 מִדֵּי
6 מִסַּת
7 בְּ
8 בְּעַד
9 מְקוֹם
10 תַּחַת
11 מִתַּחַת
12 בְּאֵין
13 בְּלֹא
14 בְּלִי
15 בִּלְתִּי
16 בְּאֶפֶס
17 זוּלַת זוּלָתִי
18 בִּלְעֲדֵי
19 חוּץ מִן
20 לְבַד מִן
21 מִלְּבַד
22 לְבַד עַל

4.

1 With (properly a conj.)	9 Instead of, in place of	17 Except
2 With (properly a conj.)	10 Under, for, in place of	18 Apart from, beside
3 In proportion to	11 Beneath	19 Except
4 As often as	12 Without	20 Beside, apart from
5 As often as	13 Without	21 Except for, beside
6 As much as	14 Without	22 Except
7 In, in place of, with	15 Except for	
8 Through, behind, for the benefit of, for	16 Without	

LIST XII

Particles

1. Adverbial

1	אָז	6	הִנֵּה	10	כֹּה
2	אַךְ	7	הֵנָּה	11	נָא
3	אֵפוֹ	8	זֶה	12	פֹּה
4	הֲלֹם	9	כַּאֲשֶׁר	13	שָׁם
5	הֵן				

2. Relative אֲשֶׁר

3. Conditional

1	אִם	2	כִּי	3	כִּי אִם

4. Interrogative

1	אַי אַיֵּה	4	אֵפֹה	7	מָה
2	אֵיךְ אֵיכָה	5	לָמָּה	8	מִי
3	אָן אָנָה	6	מַדּוּעַ	9	מָתַי

5. Causal כִּי

6. Negative

1	אַיִן	3	לֹא	4	פֶּן
2	אַל				

7. Affirmative

1	אוּלַי	3	כֵּן	4	עוֹד
2	יֵשׁ				

8. Assertative כִּי

9. Interjectional אַף

10. Of Choice אוֹ

XII

1.

1 Then	6 Behold	10 Here, now, thus
2 Only, surely, however	7 Here, until now	11 Now, please
3 Then, now	8 Here, now	12 Here, hither
4 Here, hither	9 As	13 There
5 Behold, if		

2. Who, which, that

3.

1 If	2 When, if	3 Otherwise, unless, except

4.

1 Where	4 Where	7 What, how
2 How	5 For what, why, wherefore	8 Who, what
3 Whither, where	6 Wherefore, why	9 When

5. For, because

6.

1 Non-existence of, there is no	3 No, not	4 Lest, otherwise
2 No, not		

7.

1 Perhaps	3 Thus, certainly, yes	4 Again, still
2 There is, there are		

8. Yea, indeed, surely

9. Also, even, the more so

10. Or, or even